Impressum
Verlag: BABADADA GmbH, Nedderfeld 112 , 22529 Hamburg
Geschäftsführer / Verlagsleitung: Harald Hof
Druck: Books on Demand GmbH, In de Tarpen 42, 22848 Norderstedt

Imprint
Publisher: BABADADA GmbH, Nedderfeld 112 , 22529 Hamburg, Germany
Managing Director / Publishing direction: Harald Hof
Print: Books on Demand GmbH, In de Tarpen 42, 22848 Norderstedt

المدرسة

okul

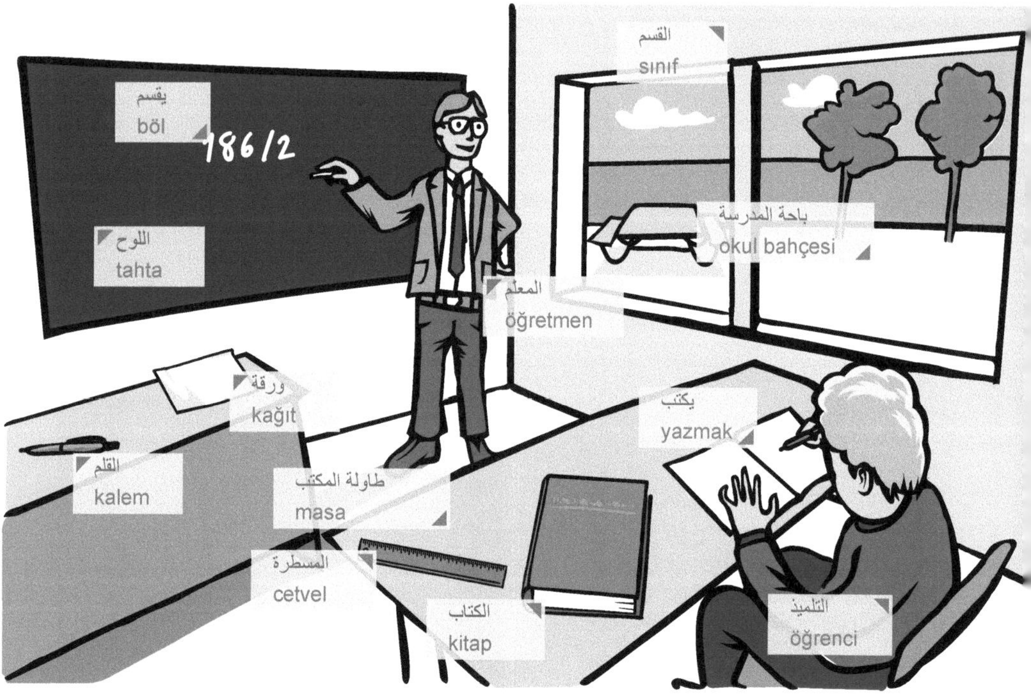
القسم
sınıf
يقسم
böl
186/2
اللوح
tahta
باحة المدرسة
okul bahçesi
المعلم
öğretmen
ورقة
kağıt
يكتب
yazmak
القلم
kalem
طاولة المكتب
masa
المسطرة
cetvel
الكتاب
kitap
التلميذ
öğrenci

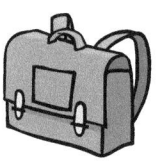

الحقيبة المدرسية

okul çantası

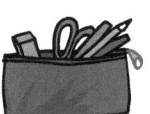

المقلمة

kalemlik

قلم الرصاص

kurşun kalem

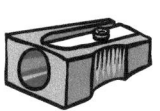

البرّاية

kalem açacağı

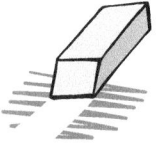

المِمحاة

silgi

دفتر الرسم

çizim defteri

الرسمة

çizim

الفرشاة

resim fırçası

علبة التلوين

boya kutusu

المقص

makas

المادة اللاصقة

tutkal

دفتر التمارين

alıştırma kitabı

الواجب المدرسي

ödev

12

الرقم

sayı

2+2

يجمع

ekle

5-2

يطرح

çıkar

2×2

يضرب

çarp

يحسب

hesapla

A

الحرف

harf

ABCDEFG HIJKLMN OPQRSTU VWXYZ

الأبجدية

alfabe

hello

كلمة

kelime

النص

metin

يقرأ

okumak

الطبشور

tebeşir

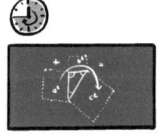

الحصة

ders

دفتر الدوام المدرسي

kayıt

الامتحان

sınav

شهادة

sertifika

اللباس المدرسي

okul forması

التعليم

eğitim

الموسوعة

ansiklopedi

الجامعة

üniversite

المجهر

mikroskop

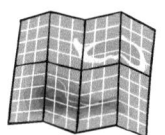

الخريطة

harita

قماما

kağıt çöp kutusu

سفر

seyahat

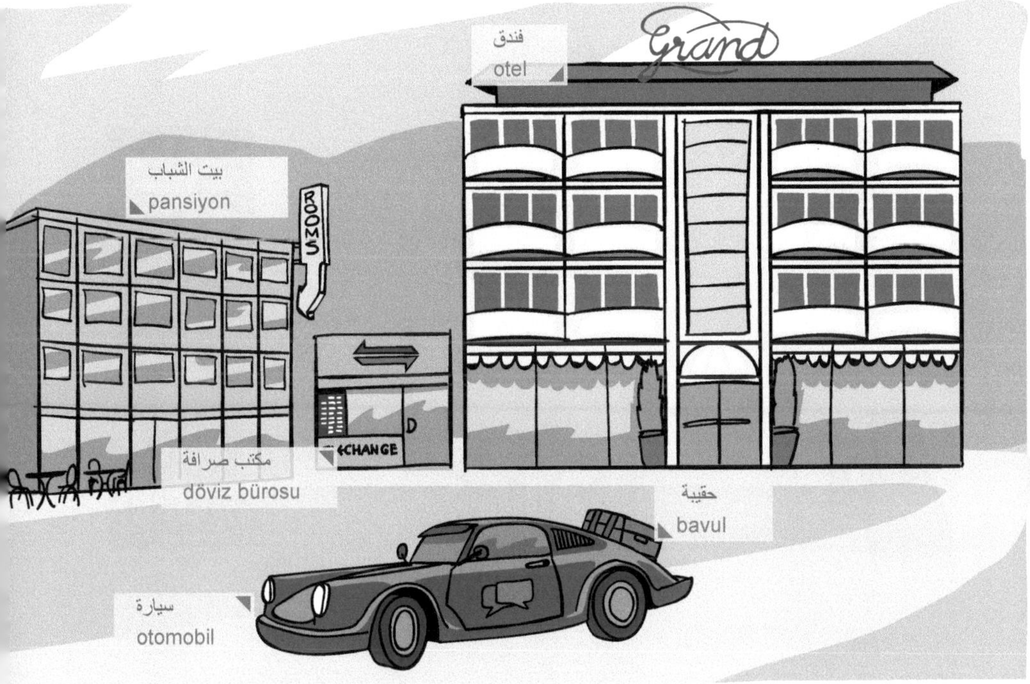

Grand
فندق
otel
بيت الشباب
pansiyon
ROOMS
EXCHANGE
مكتب صرافة
döviz bürosu
حقيبة
bavul
سيارة
otomobil

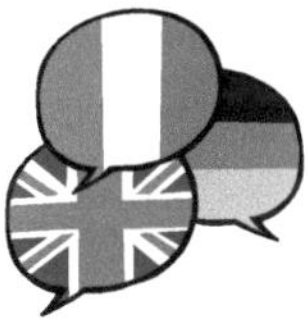

اللغة
....
dil

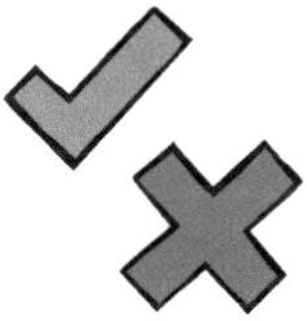

نعم / لا
....
evet / hayır

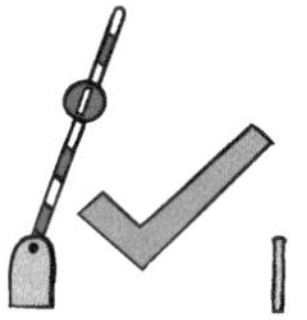

حسناً
....
Tamam

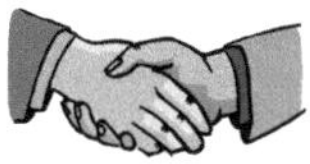

مرحباً
....
merhaba

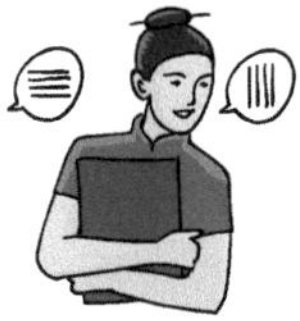

مترجم
....
çevirmen

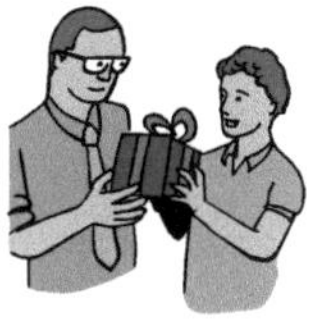

شكراً
....
Teşekkür ederim

كم ثمن ... ؟

bu ... ne kadar?

لا أفهم

anlamadım

مشكلة

problem

مساء الخير

İyi akşamlar!

صباح الخير!

Günaydın!

ليلة سعيدة

İyi geceler!

إلى اللقاء

güle güle

اتجاه

yön

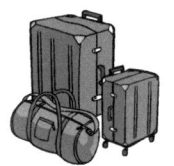

أمتعة السفر

bagaj

حقيبة

çanta

حقيبة ظهر

sırt çantası

ضيف

misafir

غرفة

oda

كيس للنوم

uyku tulumu

خيمة

çadır

استعلامات سياحية

turist danışma

شاطئ

sahil

بطاقة انتمان

kredi kartı

إفطار

kahvaltı

طعام الغداء

öğle yemeği

العشاء

akşam yemeği

بطاقة سفر

Bilet

مصعد

asansör

طابع بريدي

pul

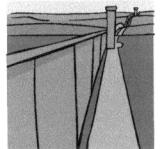

حدود

sınır

الجمارك

gümrük

سفارة

elçilik

تأشيرة

vize

جواز سفر

pasaport

نقل

ulaşım

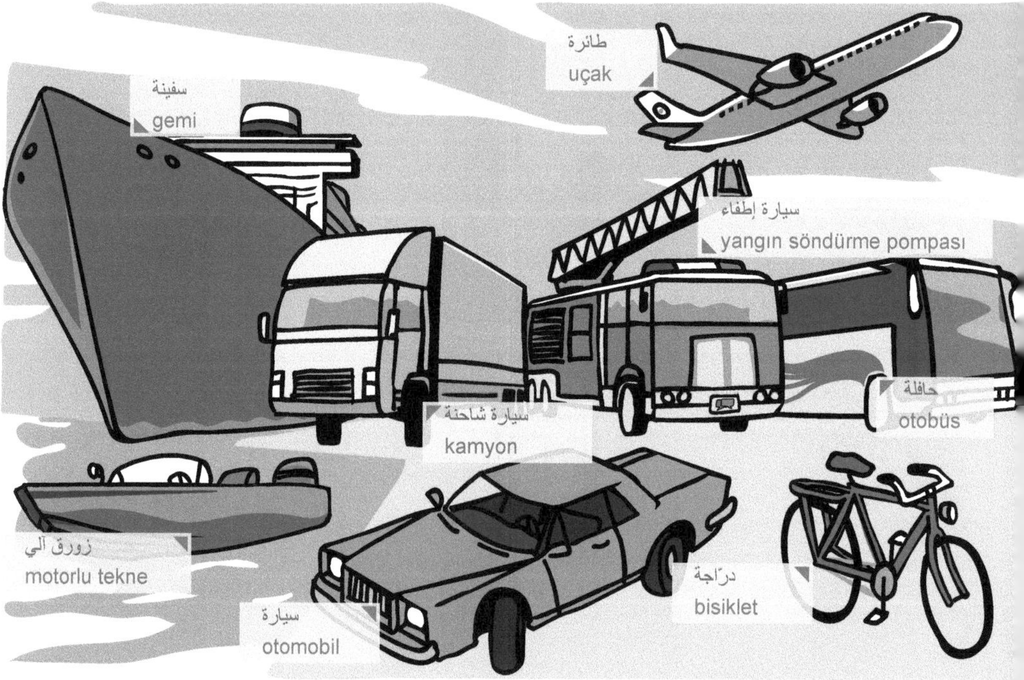

طائرة
uçak
سفينة
gemi
سيارة إطفاء
yangın söndürme pompası
حافلة
otobüs
سيارة شاحنة
kamyon
زورق آلي
motorlu tekne
درّاجة
bisiklet
سيارة
otomobil

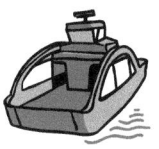

عبارة

feribot

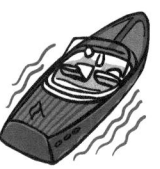

قارب

bot

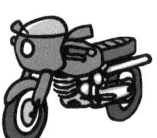

دراجة نارية

motosiklet

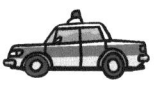

سيارة شرطة

polis arabası

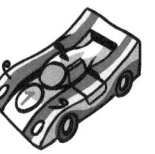

سيارة سباق

yarış arabası

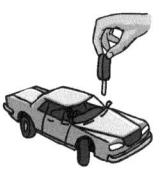

سيارة مستأجرة

kiralık araba

أسلوب تشاركي في استئجار السيارات

ortak araba

سيارة للجر

çekici

سيارة نقل القمامة

çöp kamyonu

محرك

motor

وقود

yakıt

محطة وقود

benzinlik

إشارة مرور

trafik işareti

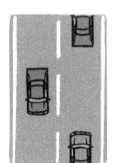

حركة السير

trafik

ازدحام سير

trafik sıkışıklığı

موقف سيارات

otopark

محطة قطار

tren istasyonu

سكك حديدية

ray

قطار

tren

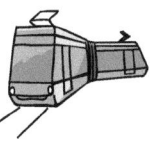

ترام

tramvay

عربة قطار

vagon

طائرة مروحية

helikopter

مطار

havaalanı

برج

kule

مسافر

yolcu

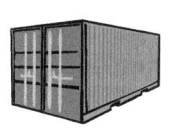

حاوية

konteyner

علبة كرتون

koli

عربة يد

yük arabası

سلة

sepet

يقلع / يهبط

kalkış / iniş

مدينة

şehir

قرية

köy

مركز المدينة

şehir merkezi

بيت

ev

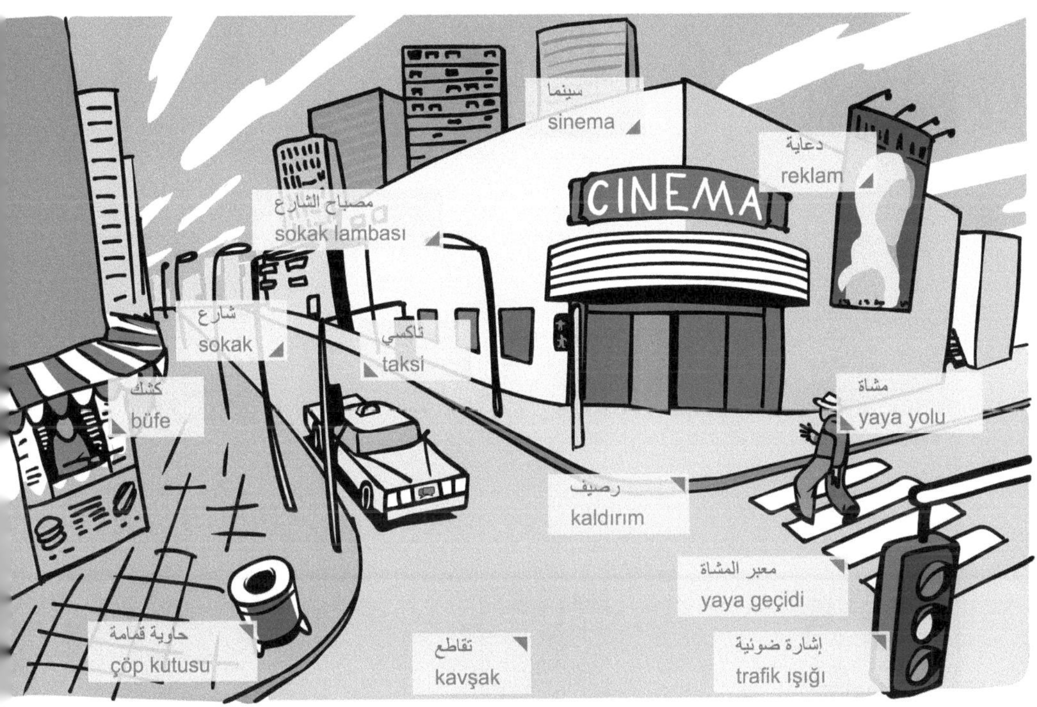

سينما
sinema
دعاية
reklam
CINEMA
مصباح الشارع
sokak lambası
شارع
sokak
تاكسي
taksi
كشك
büfe
مشاة
yaya yolu
رصيف
kaldırım
معبر المشاة
yaya geçidi
حاوية قمامة
çöp kutusu
تقاطع
kavşak
إشارة ضوئية
trafik ışığı

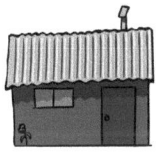

كوخ
kulübe

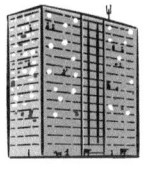

شقة
apartman dairesi

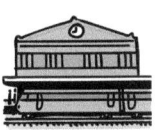

محطة قطار
tren istasyonu

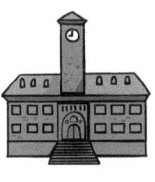

دار البلدية
belediye binası

MUSEUM

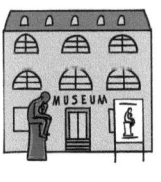

متحف
müze

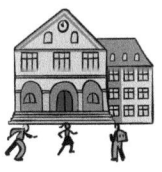

المدرسة
okul

الجامعة

üniversite

مصرف

banka

المستشفى

hastane

فندق

otel

صيدلية

eczane

مكتب

ofis

مكتبة

kitapçı

متجر

mağaza

محل لبيع الزهور

çiçekçi

سوبرماركت

süpermarket

سوق

market

متجر كبير

büyük mağaza

تاجر السمك

balık satıcısı

مركز تسوّق

alışveriş merkezi

ميناء

liman

حديقة عامة

park

مقعد

bank

جسر

köprü

درج، سلم

merdiven

مترو

metro

نفق

tünel

موقف حافلات

otobüs durağı

بار

bar

مطعم

restoran

صندوق البريد

posta kutusu

لافتة باسم الشارع

sokak tabelası

مقياس زمن الوقوف

otopark sayacı

حديقة حيوانات

hayvanat bahçesi

مسبح

yüzme havuzu

مسجد

cami

مزرعة

çiftlik

تلوث البيئة

kirlilik

مقبرة

mezarlık

كنيسة

kilise

ملعب الأطفال

oyun alanı

معبد

tapınak

طبيعة ريفية

arazi

ورقة
yaprak

علامة إرشاد
yön tabelası

طريق
yol

مرج
çayır

حجر
taş

شجرة
ağaç

رحالة
yürüyüşçü

نهر
ırmak

عشب
çimen

زهرة
çiçek

وادٍ

vadi

جبل

tepe

بحيرة

göl

غابة

orman

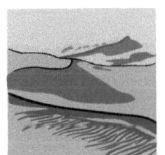

صحراء

çöl

بركان

volkan

قلعة

kale

قوس قزح

gökkuşağı

فطر

mantar

نخلة

palmiye

بعوض

sivrisinek

ذبانة

sinek

نملة

karınca

نحلة

arı

عنكبوت

örümcek

خنفساء

böcek

ضفدعة

kurbağa

سنجاب

sincap

قنفذ

kirpi

أرنب

yabani tavşan

بومة

baykuş

عصفور

kuş

بجعة

kuğu

خنزير برّي

yaban domuzu

غزال

geyik

إلكة

geyik

سد

baraj

دولاب الطاحونة الهوائية

rüzgar türbini

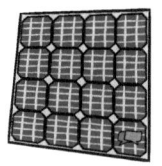

خلية شمسية

güneş paneli

مناخ

iklim

مطعم

restoran

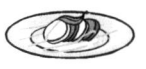

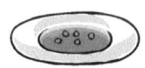

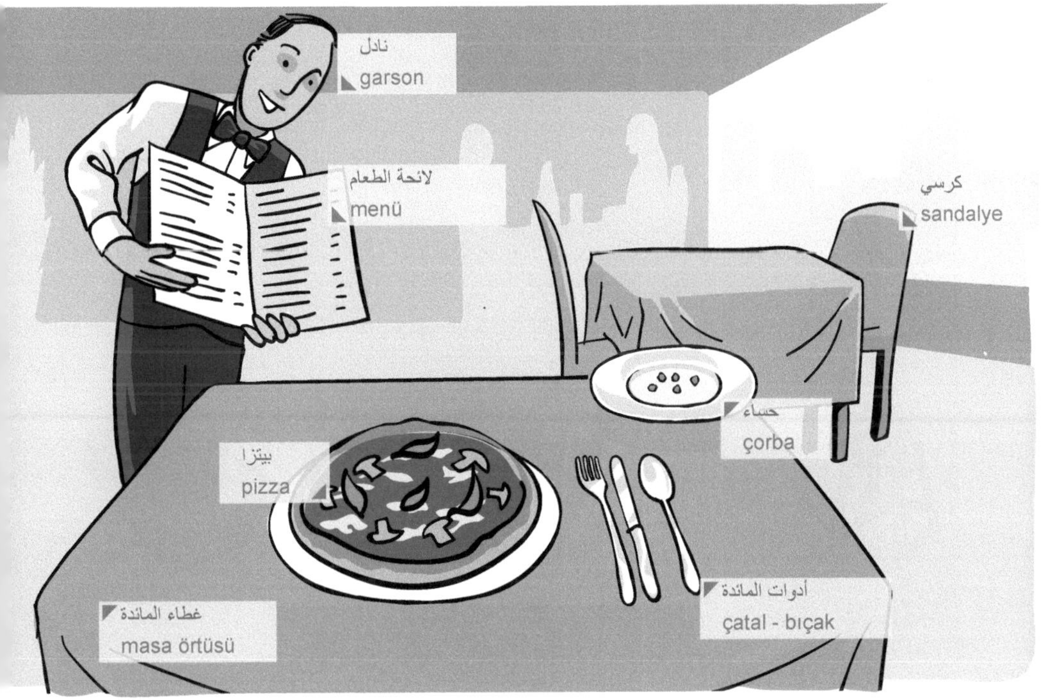

نادل
garson
لائحة الطعام
menü
كرسي
sandalye
حساء
çorba
بيتزا
pizza
أدوات المائدة
çatal - bıçak
غطاء المائدة
masa örtüsü

مقبلات

başlangıç

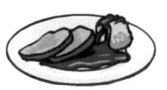

الصحن الرئيسي

ana yemek

حلوى أو فاكهة بعد الطعام

tatlı

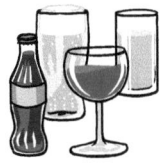

مشروبات

içecekler

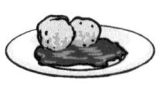

طعام

yemek

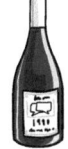

زجاجة

şişe

وجبات سريعة

fastfood

طعام الشارع

sokak yemeği

إبريق الشاي

çaydanlık

علبة السكر

şekerlik

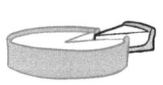

حصّة

porsiyon

آلة الإسبريسو

espresso makinesi

كرسي عالٍ

mama sandalyesi

فاتورة

fatura

صينية

tepsi

سكين

bıçak

شوكة

çatal

ملعقة

kaşık

ملعقة الشاي

çay kaşığı

منديل المائدة

servis peçetesi

كأس

bardak

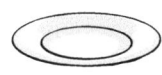

صحن

tabak

صحن الحساء

çorba kasesi

صحن الفنجان

fincan altlığı

صلصة

sos

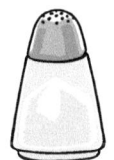

مملحة

tuzluk

مطحنة الفلفل

karabiber değirmeni

خلّ

sirke

زيت الطعام

yağ

توابل

baharat

كتشاب

ketçap

خردل

hardal

مايونيز

mayonez

سوبرماركت

süpermarket

عرض خاص
özel teklif
FOR
زبون
müşteri
مشتقات الحليب
süt ürünleri
فواكه
meyve
عربة تَسوّق
alışveriş arabası

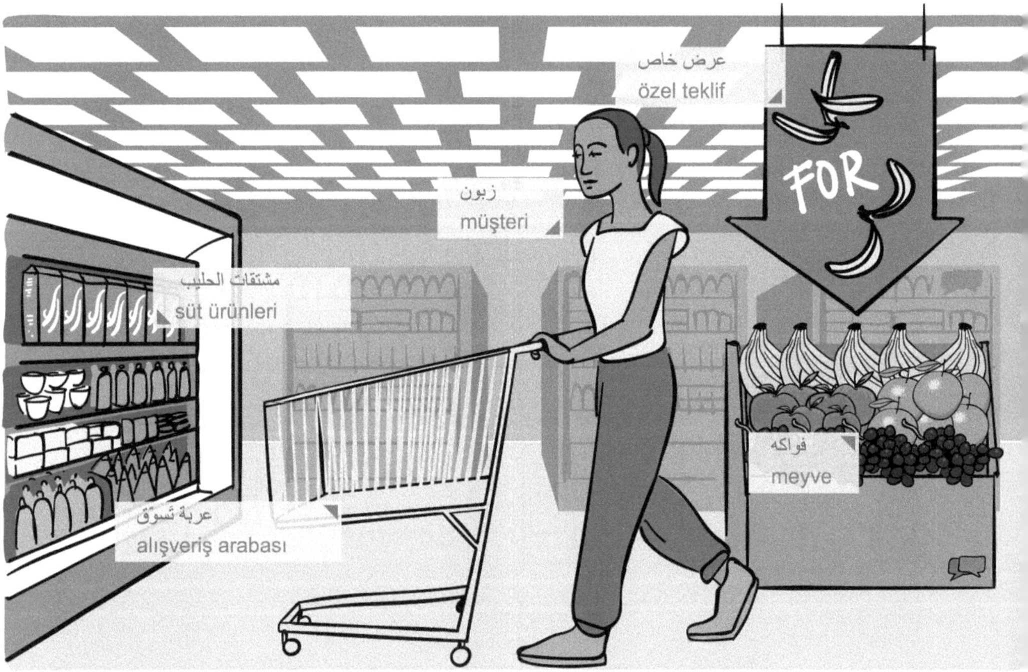

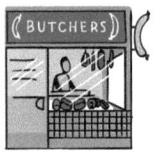

BUTCHERS

جزّار

kasap

BAKERY

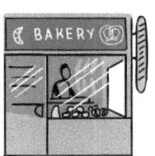

مخبز

fırın

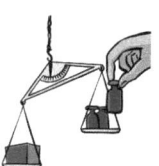

يزن

tartmak

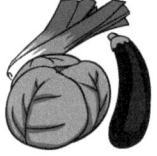

خضار

sebze

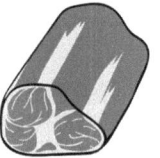

لحم

et

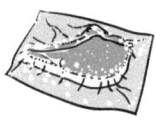

المأكولات المجمّدة

donmuş gıda

مرتدلا أو جبن

söğüş et

معلّبات

konserve yiyecek

مسحوق الغسيل

toz deterjan

حلويات

şekerlemeler

المواد المنزلية

ev temizlik ürünleri

منظّفات

temizlik ürünleri

بائعة

satış görevlisi

صندوق الحساب

yazar kasa

أمين صندوق

kasiyer

قائمة المشتريات

alışveriş listesi

أوقات العمل

açılış saatleri

محفظة النقود

cüzdan

بطاقة ائتمان

kredi kartı

حقيبة

çanta

كيس بلاستيكي

plastik poşet

ماء

su

عصير

meyve suyu

حليب

süt

كولا

kola

نبيذ

şarap

بيرة

bira

كحول

alkol

كاكاو

kakao

شاي

çay

قهوة

kahve

قهوة إسبريسو

espresso

كابوتشينو

kapuçino

موزة

muz

تفاح

elma

برتقال

portakal

بطيخ

kavun

ليمون

limon

جزرة

havuç

ثوم

sarımsak

خيزران

bambu

بصل

soğan

فطر

mantar

لوزيات

çerez

شعيرية

makarna

سباغيتي

spagetti

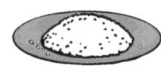

أرزّ

pirinç

سلطة

salata

بطاطا مقلية

cips

بطاطا مقلية

patates kızartması

بيتزا

pizza

هامبورغر

hamburger

ساندويش

sandviç

شريحة لحم مقلية

şinitzel

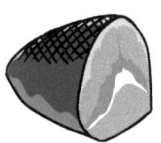

لحم خنزير

pastırma

سلامي

salam

سجق

sosis

دجاج

tavuk

لحم محمر

rosto

سمك

balık

دقيق الشوفان

yulaf ezmesi

موسلي

müsli

كورن فلكس

mısır gevreği

طحين

un

كرواسان

kruvasan

خبز صغير

küçük ekmek

خبز

ekmek

خبز محمص

tost

بسكويت

bisküvi

زبدة

tereyağı

لبن زبادي

kaymak

كعكة

kek

بيضة

yumurta

بيض مقلي

sahanda yumurta

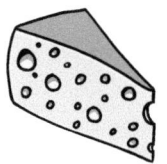

جبنة

peynir

مثلجات

dondurma

سكر

şeker

عسل

bal

مربّى الفاكهة

reçel

كريم النوغا

fındık ezmesi

الكاري

köri

مزرعة

çiftlik

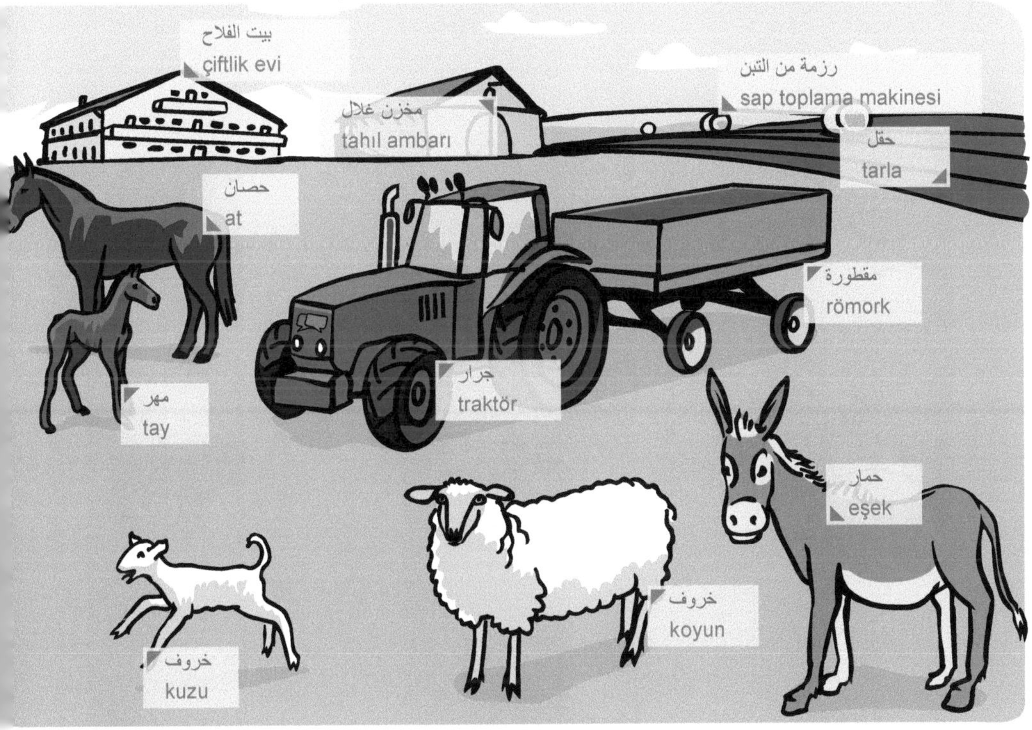
بيت الفلاح
çiftlik evi
مخزن غلال
tahıl ambarı
رزمة من التبن
sap toplama makinesi
حقل
tarla
حصان
at
مقطورة
römork
جرار
traktör
مهر
tay
حمار
eşek
خروف
koyun
خروف
kuzu

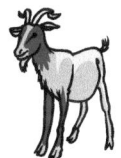

ماعز

keçi

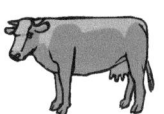

بقرة

inek

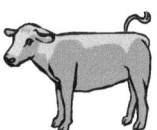

عجل

buzağı

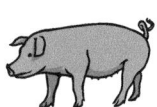

خنزير

domuz

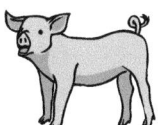

خنزير صغير

domuz yavrusu

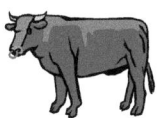

ثور

boğa

إوزَة
kaz

بطة
ördek

صوص
civciv

دجاجة
tavuk

ديك
horoz

جرذ
sıçan

قطّة
kedi

فأر
fare

ثور
öküz

كلب
köpek

كوخ الكلب
köpek kulübesi

خرطوم الحديقة
bahçe hortumu

إبريق
sulama kabı

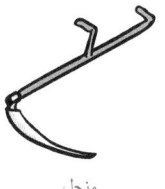

منجل
tırpan

المحراث
pulluk

منجل

orak

معزقة

çapa

مذراة الزبل

dirgen

بلطة

balta

عربة يد

el arabası

معلف

yemlik

صفيحة الحليب

süt kovası

كيس

çuval

سياج

çit

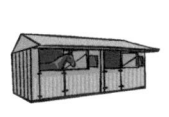

اصطبل

ahır

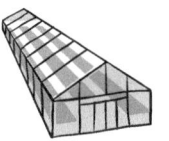

دفيئة

sera

تربة

toprak

بذور

tohum

سماد

gübre

حصّادة درّاسة

biçerdöver

يحصد

hasat etmek

محصول

harman

بطاطا يامس

tatlı patates

قمح

buğday

صويا

soya

بطاطا

patates

ذرة

mısır

سلجم

kolza

شجرة فاكهة

meyve ağacı

نبات منيهوت

manyok

الحبوب

hububat

مدخنة
baca

سقف
çatı

مزراب
yağmur oluğu

نافذة
pencere

مرآب
garaj

جرس الباب
kapı zili

باب
kapı

قمامة
çöp kutusu

صندوق البريد
posta kutusu

حديقة
bahçe

غرفة جلوس
oturma odası

الحمّام
banyo

مطبخ
mutfak

غرفة النوم
yatak odası

غرفة الأطفال
çocuk odası

غرفة الطعام
yemek odası

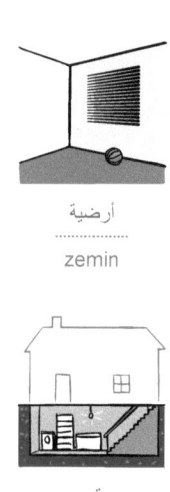

أرضية

zemin

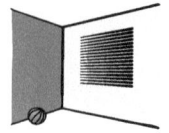

حائط

duvar

سقف

tavan

قبو

kiler

ساونا

sauna

بلكون

balkon

شُرفة

teras

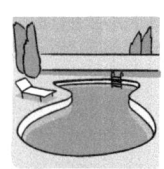

مسبح

havuz

جزّازة العشب

çim biçme makinesi

بياضات السرير

çarşaf

بطانية

yatak örtüsü

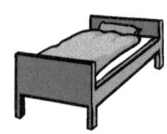

سرير

yatak

مكنسة

süpürge

سطل

kova

مفتاح كهربائي

anahtar

غرفة جلوس
oturma odası

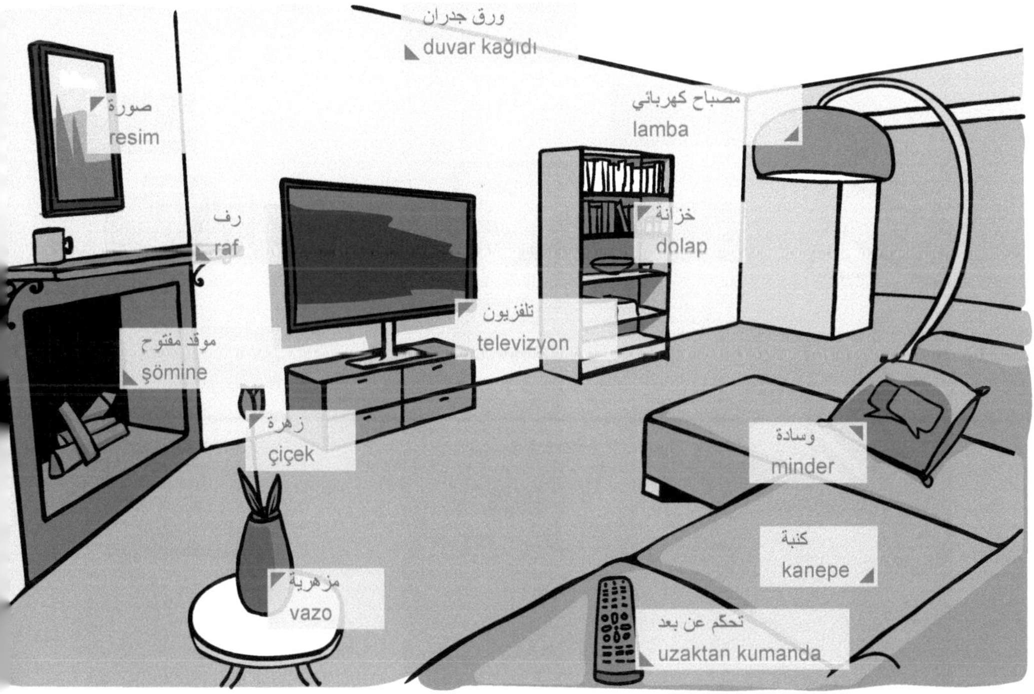

ورق جدران
duvar kağıdı
صورة
resim
مصباح كهربائي
lamba
رف
raf
خزانة
dolap
تلفزيون
televizyon
موقد مفتوح
şömine
زهرة
çiçek
وسادة
minder
كنبة
kanepe
مزهرية
vazo
تحكم عن بعد
uzaktan kumanda

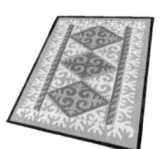

بساط
halı

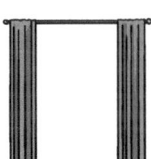

ستارة
perde

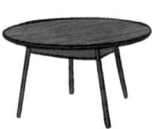

طاولة
masa

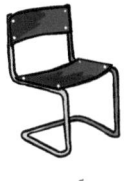

كرسي
sandalye

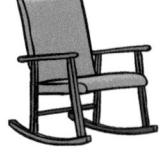

كرسي هزّاز
salıncaklı koltuk

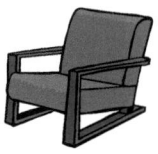

كرسي ذو ذراعين
koltuk

الكتاب

kitap

بطانية

battaniye

زخرفة

dekor

الحطب

odun

فيلم

film

تجهيزات ستيريو

hi-fi

مفتاح

anahtar

جريدة

gazete

لوحة مرسومة

tablo

مُلصق

poster

راديو

radyo

دفتر ملاحظات

defter

المكنسة الكهربائية

elektrikli süpürge

صبّار

kaktüs

شمعة

mum

مطبخ
mutfak

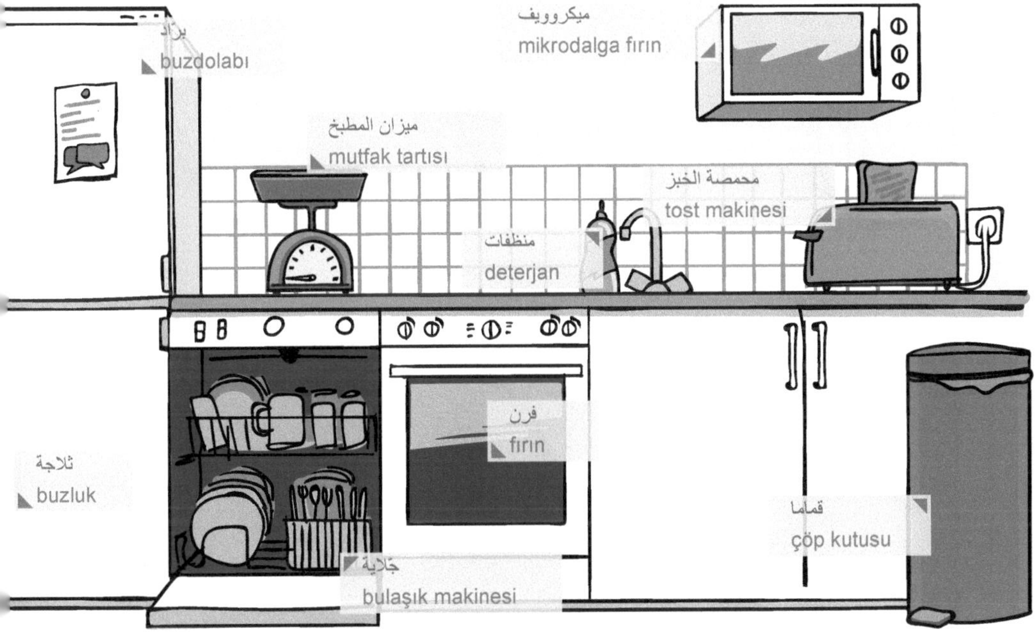

براد
buzdolabı
ميكروويف
mikrodalga fırın
ميزان المطبخ
mutfak tartısı
محمصة الخبز
tost makinesi
منظفات
deterjan
فرن
fırın
ثلاجة
buzluk
قماما
çöp kutusu
جلاية
bulaşık makinesi

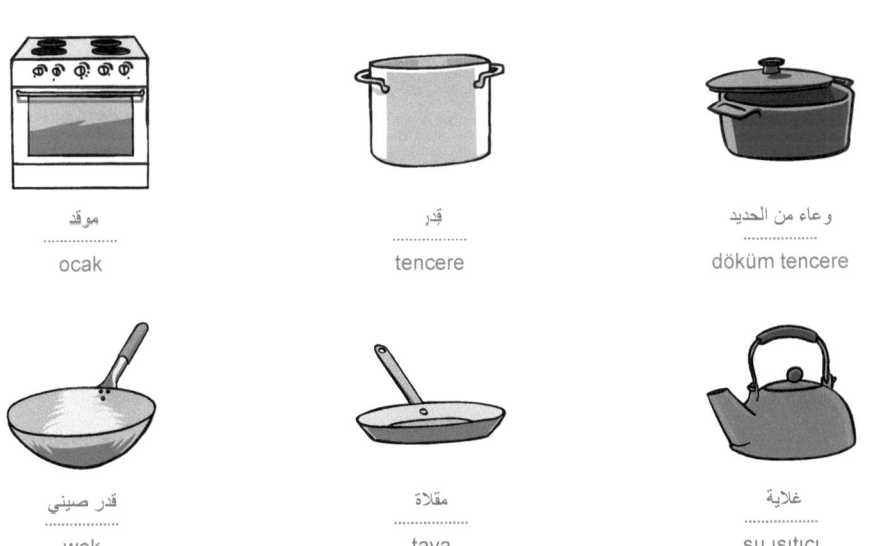

موقد

ocak

قِدر

tencere

وعاء من الحديد

döküm tencere

قدر صيني

wok

مقلاة

tava

غلاية

su ısıtıcı

قدر البخار

buharlı pişirici

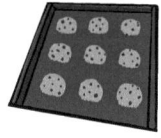

صينية

pişirme tepsisi

أواني

tabak takımı

فنجان

kupa

صحن

kase

عيدان الأكل

çubuk (çin yemeği)

مغرفة

kepçe

ملعقة منبسطة

spatula

خفاقة

çırpma teli

مصفاة

süzgeç

مصفاة

elek

مبشرة

rende

هاون

havan

شواء

barbekü

موقد

açık ateş

لوح التقطيع

kesme tahtası

نشّابة

merdane

مفتاح الزجاجات

tirbüşon

علبة

konserve kutusu

مفتاح العلب المعدنية

konserve açacağı

قماش الفرن

fırın eldiveni

مجلى

evye

فرشاة

fırça

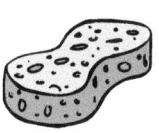

إسفنج

sünger

خلاط

blender

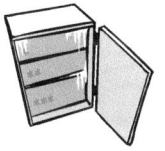

مجمّدة

derin dondurucu

زجاجة الطفل

biberon

صنبور الماء

musluk

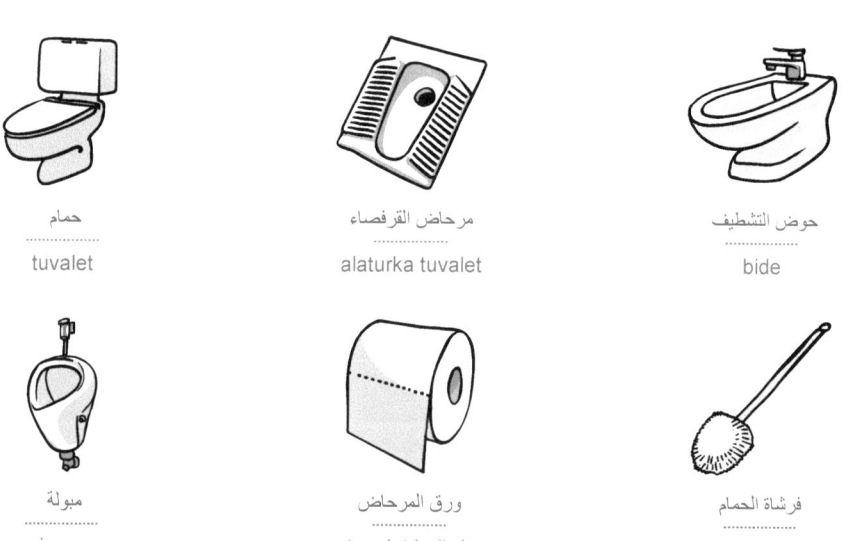

الحمّام

banyo

تدفئة
ısıtma
منشفة
havlu
دوش
duş
ستارة الدوش
duş perdesi
حمام رغوة
köpük banyosu
حوض الحمام
küvet
كأس
bardak
غسّالة
çamaşır makinesi
صنبور الماء
musluk
بلاط
fayans
قفازات مطاطية
lazımlık
مجلى
evye

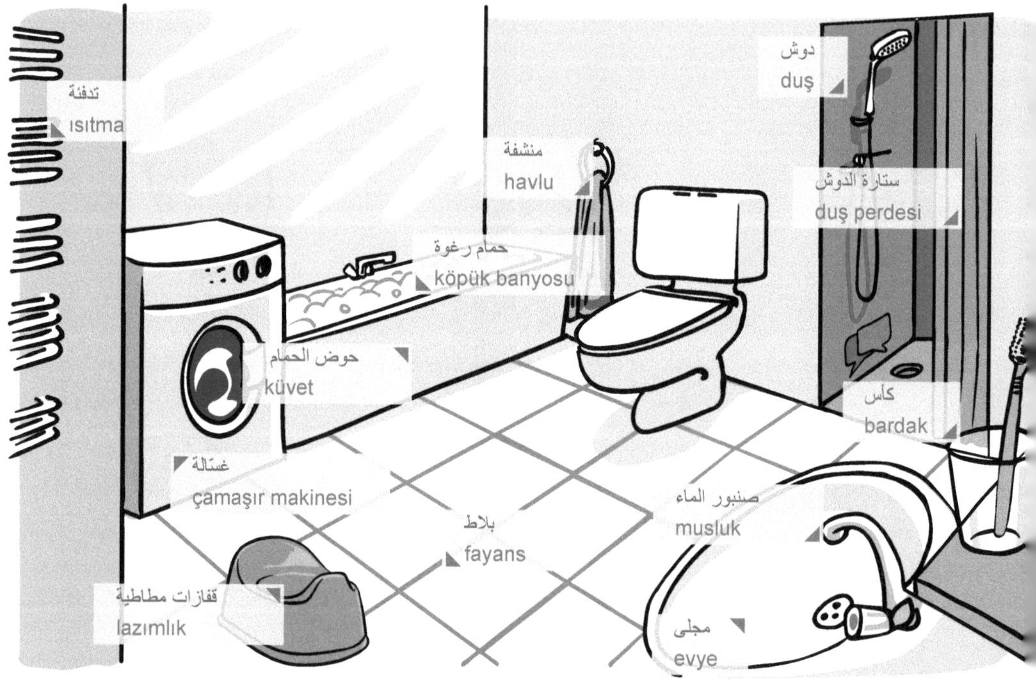

حمام

tuvalet

مرحاض القرفصاء

alaturka tuvalet

حوض التشطيف

bide

مبولة

pisuvar

ورق المرحاض

tuvalet kağıdı

فرشاة الحمام

tuvalet fırçası

فرشاة الأسنان

diş fırçası

معجون الأسنان

diş macunu

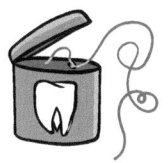

خيط حرير لتنظيف الأسنان

diş ipi

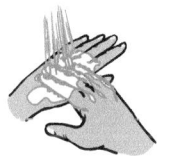

يغسل

yıkamak

رشاش ماء يدوي

duş başlığı

شطاف

duş başlığı şeklinde taharet musluğu

حوض الغسيل

küvet

فرشاة الظهر

banyo fırçası

صابون

sabun

جيل الدوش

duş jeli

شامبو

şampuan

ممسحة

banyo lifi

مصرف للماء

gider

مرهم

krem

مزيل الروائح

deodorant

مرآة

ayna

مرآة يد

el aynası

موس حلاقة

jilet

رغوة الحلاقة

tıraş köpüğü

كولونيا

tıraş losyonu

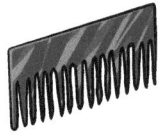

مشط

tarak

فرشاة

fırça

سشوار

saç kurutma makinesi

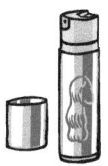

مثبت للشعر

saç spreyi

ماكياج

makyaj

روج

ruj

طلاء أظافر

tırnak cilası

قطن

pamuk

مقص أظافر

tırnak makası

عطر

parfüm

سلة الغسيل

makyaj çantası

مقعد صغير

tabure

ميزان

tartı

معطف الحمام

bornoz

قفازات مطاطية

lastik eldiven

سدادة قطنية

tampon

منشفة صحية

kadın pedi

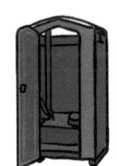

تواليت كيميائية

kimyevi tuvalet

غرفة الأطفال

çocuk odası

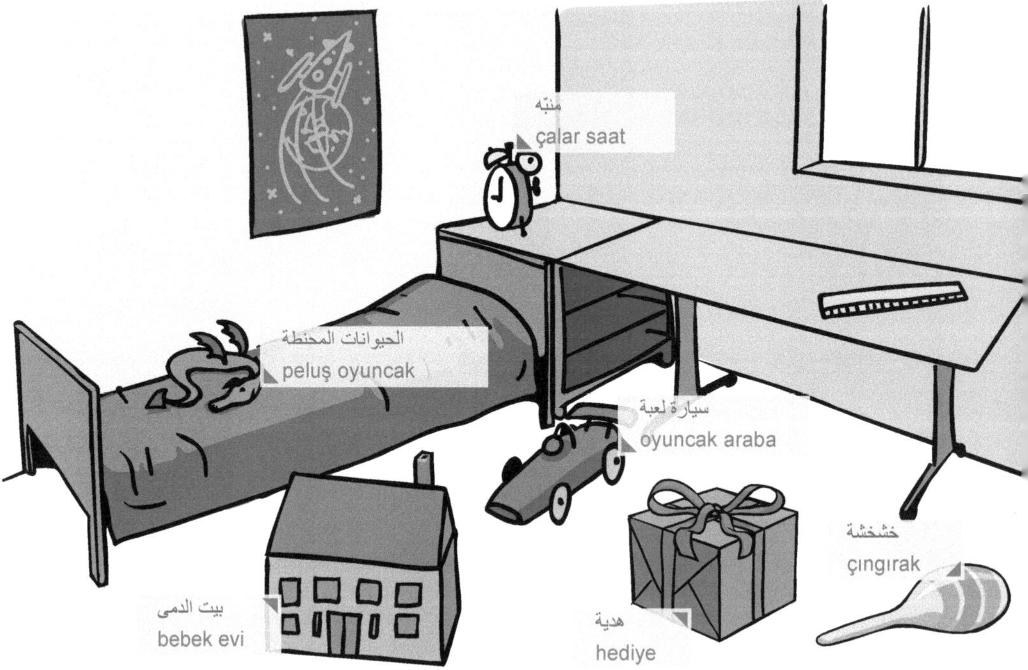

منبه
çalar saat
الحيوانات المحنطة
peluş oyuncak
سيارة لعبة
oyuncak araba
خشخشة
çıngırak
بيت الدمى
bebek evi
هدية
hediye

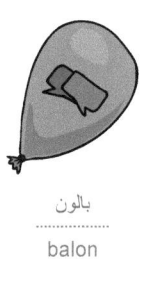

بالون

balon

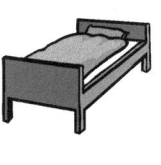

سرير

yatak

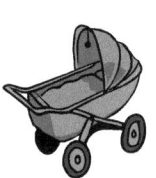

عربة الأطفال

bebek arabası

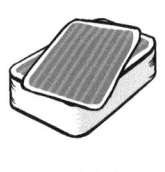

لعبة الورق

kart destesi

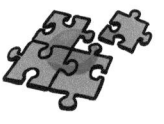

أحجية

yapboz

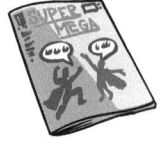

رسوم هزلية

çizgi roman

أحجار الليغو

lego tuğlaları

حجارة تركيب

lego blokları

دمية بطل

aksiyon figürü

لباس الطفل

zıbın

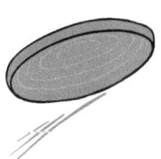

فريسبي

frizbi

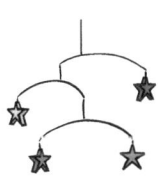

دمية معلّقة

dönence

لعبة الطاولة

masa oyunu

لعبة النرد

zar

لعبة قطار

model tren seti

مصّاصة

emzik

حفلة

parti

كتاب مصوّر

resimli kitap

كرة

top

دمية

oyuncak bebek

يلعب

oynamak

ملعب رملي للأطفال

kum havuzu

أرجوحة

salıncak

لعبة

oyuncaklar

ألعاب فيديو

video oyun konsolu

دراجة ثلاثية

üç tekerlekli bisiklet

دمية على شكل الدب

oyuncak ayı

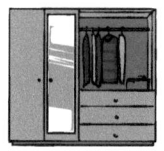

خزانة الثياب

gardırop

ثياب

kıyafet

جوارب قصيرة

çorap

جوارب طويلة

külotlu çorap

جورب بنطلون

tayt

شال
eşarp

شمسية
şemsiye

تي شيرت
tişört

حزام
kemer

حذاء شتوي
bot

شبشب
terlik

أحذية رياضية
spor ayakkabı

صندل
sandalet

حذاء
ayakkabı

جزمة كاوتشوك
lastik çizme

سروال داخلي
külot

صدّارة
sütyen

قميص داخلي
yelek

لباس ملاصق للجسم

dar bluz

بنطلون

pantolon

جينز

kot pantolon

تنورة

etek

بلوزة

bluz

قميص

gömlek

سترة قطنية

kazak

كنزة كم طويل

süveter

سترة فضفاضة

blazer

سترة

ceket

معطف

mont

معطف مطري

yağmurluk

زي - طقم نسائي

kostüm

ثوب

elbise

ثوب الزفاف

gelinlik

طقم
takım elbise

قميص نوم
gecelik

بيجاما
pijama

ساري
sari

حجاب
baş örtüsü

عمامة
türban

برقع
burka

قفطان
kaftan

عباءة
çarşaf

مايوه
mayo

سروال سباحة
erkek mayosu

شرت
şort

بدلة رياضية
eşofman

منزر
önlük

قفازات
eldiven

زر

düğme

نظّارة

gözlük

إسوارة

bilezik

عقد

kolye

خاتم

yüzük

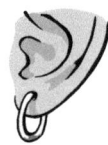

قرط

küpe

طاقيّة

kep

علاقة ثياب

portmanto

قبّعة

şapka

ربطة العنق

kravat

سحّاب

fermuar

خوذة

kask

حمّالة البنطلون

pantolon askısı

اللباس المدرسي

okul forması

زي موحّد

üniforma

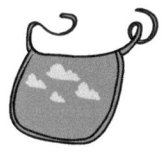

مريلة الأطفال

mama önlüğü

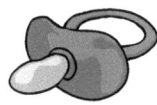

مصّاصة

emzik

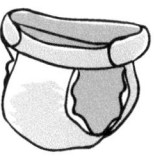

لفافة

bebek bezi

مكتب

ofis

المخدّم
sunucu
خزانة الملفات
dosya dolabı
طابعة
yazıcı
ورقة
kağıt
شاشة
monitör
طاولة المكتب
masa
فارة
fare
ملف
klasör
لوحة المفاتيح
klavye
قماما
kağıt çöp kutusu
حاسوب
bilgisayar
كرسي
sandalye

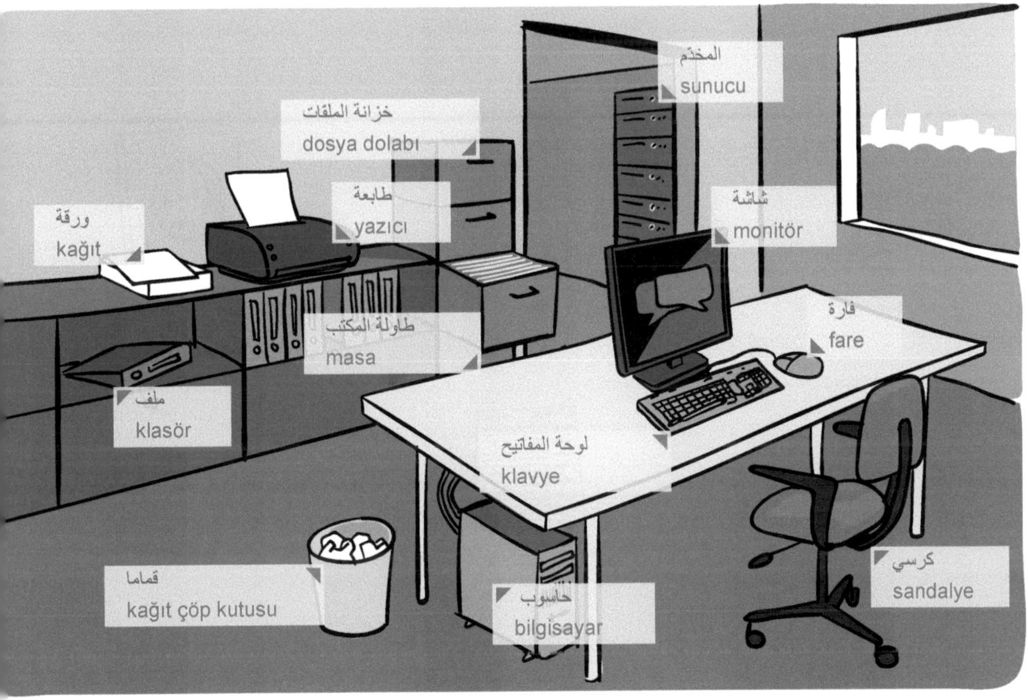

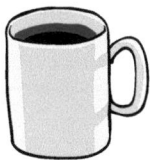

كأس من القهوة

kahve fincanı

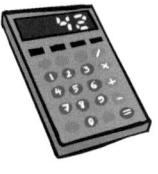

الآلة الحاسبة

hesap makinesi

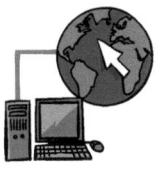

الإنترنت

internet

الحاسوب المحمول

dizüstü

رسالة

mektup

خبر

mesaj

الهاتف المحمول

cep telefonu

شبكة

ağ

جهاز تصوير

fotokopi makinesi

البرمجيات

yazılım

هاتف

telefon

مقبس كهربائي

priz

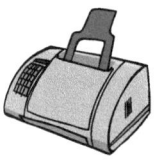

فاكس

faks makinesi

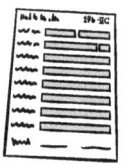

استمارة

form

وثيقة

belge

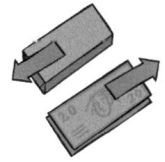

يشتري

satın almak

يدفع

ödemek

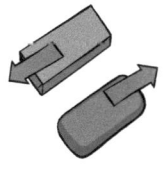

يتاجر

ticaret yapmak

مال

para

دولار

dolar

يورو

avro

ين

yen

روبل

ruble

فرنك سويسري

İsviçre frangı

يوان

Çin yuanı

روبية

rupi

صرّاف آلي

kasa

مكتب صرافة

döviz bürosu

ذهب

altın

فضة

gümüş

نفط

petrol

طاقة

enerji

سعر

fiyat

عقد

kontrat

ضريبة

vergi

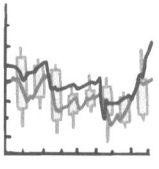

سهم

menkul değer

يعمل

çalışmak

موظف

işveren

رب العمل

işçi

مصنع

fabrika

متجر

mağaza

اقتصاد - ekonomi

المِهَن
meslekler

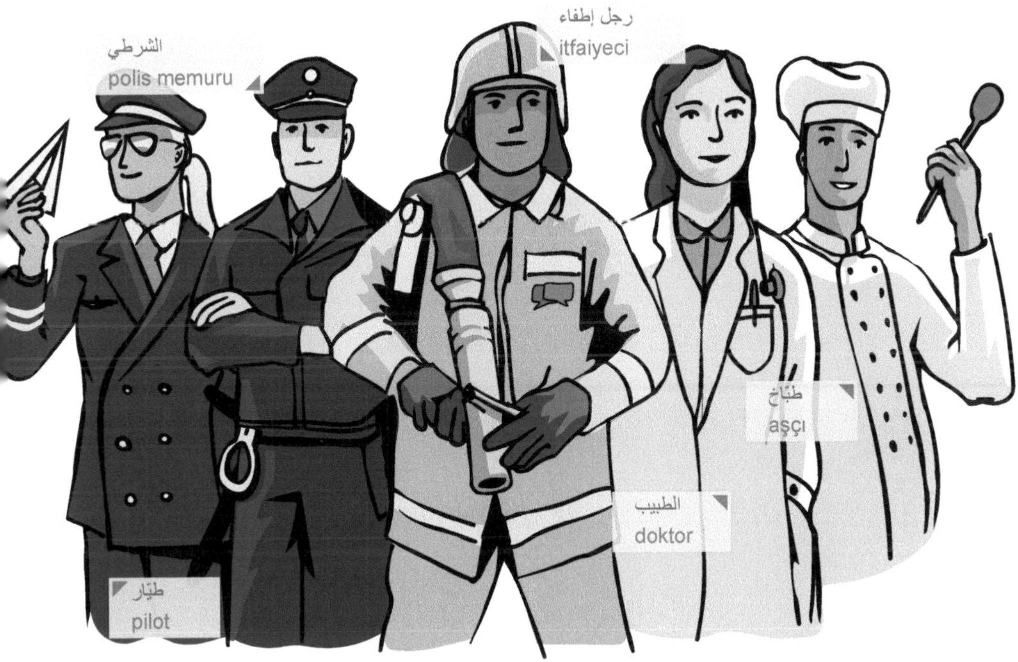

رجل إطفاء
itfaiyeci
الشرطي
polis memuru
طبّاخ
aşçı
الطبيب
doktor
طيّار
pilot

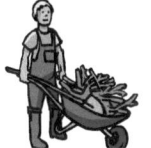

بستاني

bahçıvan

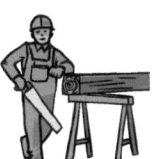

نجّار

marangoz

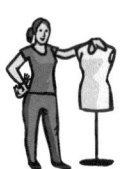

خيّاطة

terzi

قاض

hakim

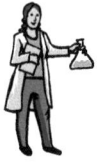

كيميائي

kimyager

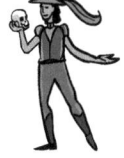

ممثل

aktör

سائق حافلة

otobüs şoförü

سائق تاكسي

taksi şoförü

صياد سمك

balıkçı

أجيرة للتنظيف

temizlikçi

بنّاء سقف

çatı ustası

نادل

garson

صيّاد

avcı

رسّام

boyacı

خبّاز

fırıncı

كهربائي

elektrikçi

عامل بناء

inşaatçı

مهندس

mühendis

لحّام

kasap

سمكري

muslukçu

ساعي البريد

postacı

جندي

asker

مهندس معماري

mimar

أمين صندوق

kasiyer

بائع الزهور

çiçekçi

حلاق

kuaför

مراقب القطار

kondüktör

ميكانيكي

tamirci

قبطان

kaptan

طبيب أسنان

dişçi

رجل العلم

bilim insanı

حاخام

haham

إمام

imam

راهب

keşiş

كاهن

rahip

عدة عمل

aletler

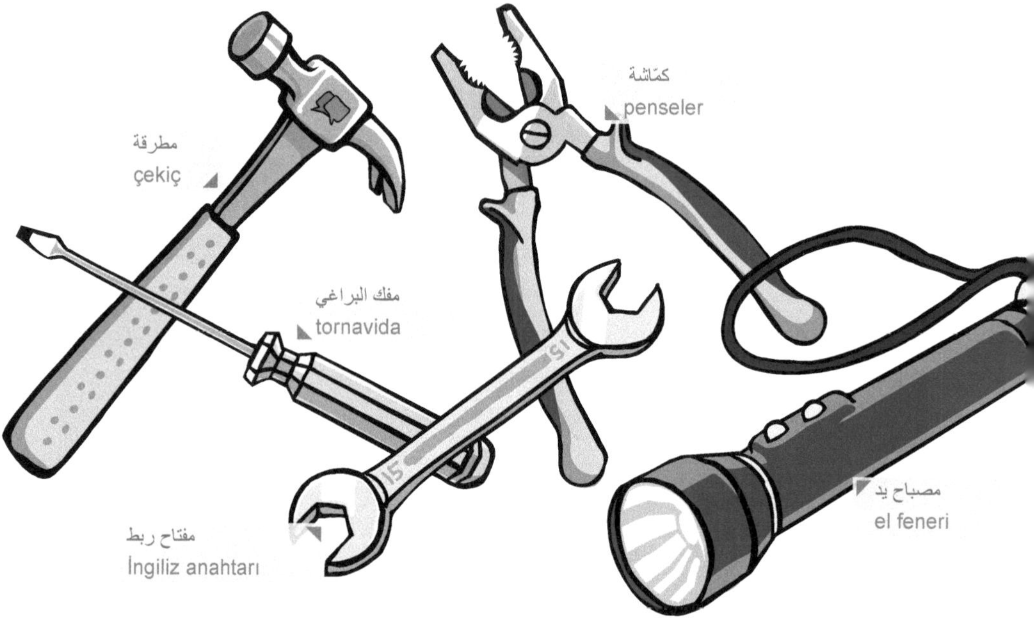
كمّاشة
penseler
مطرقة
çekiç
مفك البراغي
tornavida
مصباح يد
el feneri
مفتاح ربط
İngiliz anahtarı

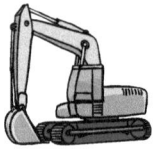

جرافة

kazı makinesi

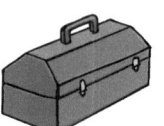

صندوق العدة

alet çantası

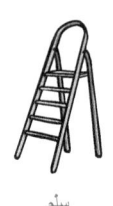

سلّم

merdiven

منشار

testere

مسامير

çiviler

مثقب

matkap

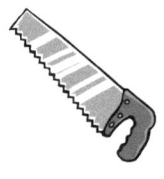

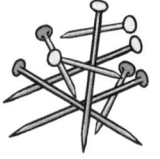

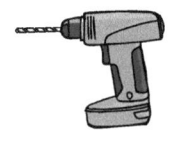

يصلح
....
tamir etmek

مجرفة
....
kürek

اللعنة
....
Kahretsin!

لقاطة الكناسة
....
faraş

سطل الألوان
....
boya tenekesi

براغي
....
vidalar

آلات موسيقية

müzik enstrümanı

آلات الإيقاع
bateri seti

مكبر الصوت
hoparlör

كمان أجهر
kontrbas

بوق
trompet

غيتار
gitar

بيانو

piyano

كمنجة

keman

جهير

basgitar

طبل كبير

timpani

طبل

bateri

بيانو كهرباني

klavye

ساكسوفون

saksafon

ناي

flüt

ميكروفون

mikrofon

حديقة حيوانات

hayvanat bahçesi

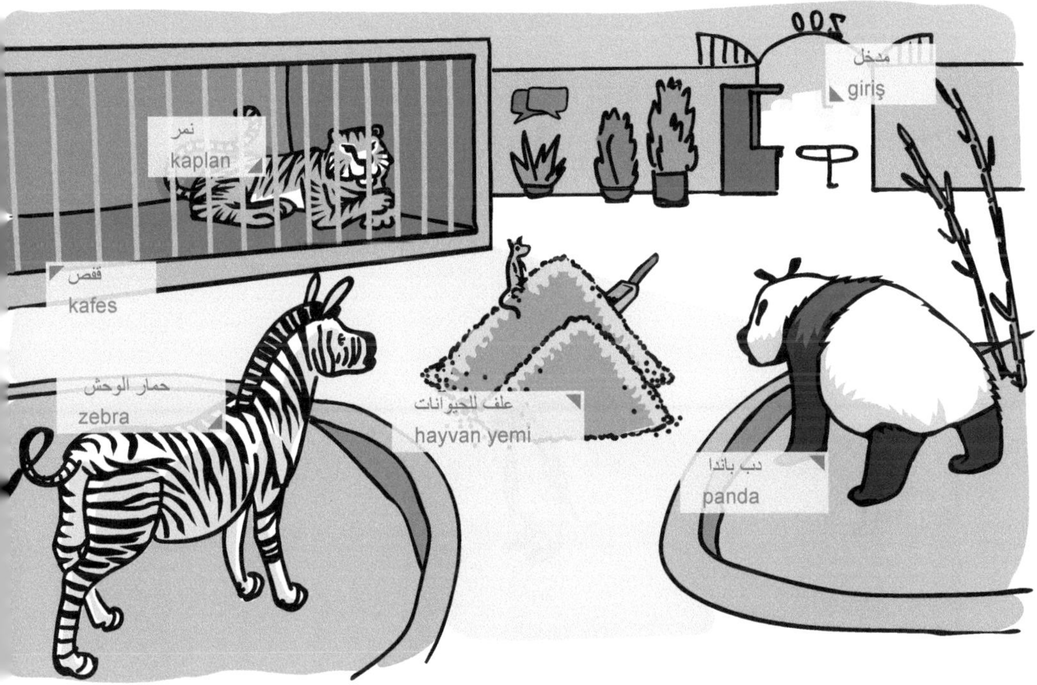

مدخل
giriş
نمر
kaplan
قفص
kafes
حمار الوحش
zebra
علف للحيوانات
hayvan yemi
دب باندا
panda

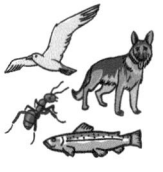

حيوانات

hayvanlar

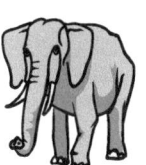

فيل

fil

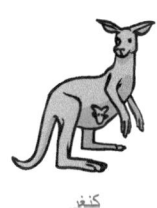

كنغر

kanguru

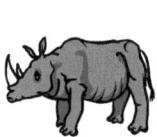

وحيد القرن

gergedan

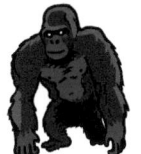

غوريلا

goril

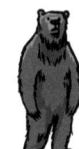

دب

ayı

جمل

deve

نعامة

deve kuşu

أسد

aslan

قرد

maymun

طائر فلامينغو

flamingo

ببغاء

papağan

دب قطبي

kutup ayısı

بطريق

penguen

سمك القرش

köpek balığı

طاووس

tavus kuşu

أفعى

yılan

تمساح

timsah

حارس في حديقة الحيوان

hayvanat bahçesi görevlisi

عجل البحر

fok

نمر أمريكي مرقط

jaguar

فرس قزم

midilli atı

نمر

leopar

فرس النهر

su aygırı

زرافة

zürafa

نسر

kartal

خنزير برّي

yaban domuzu

سمك

balık

سلحفاة

kaplumbağa

حيوان فظ البحري

mors

ثعلب

tilki

غزال

ceylan

كرة القدم الأمريكية
amerikan futbolu

ركوب الدراجات
bisiklete binme

كرة التنس
tenis

كرة السلة
basketbol

السباحة
yüzme

الملاكمة
boks

هوكي الجليد
buz hokeyi

كرة القدم
futbol

الريشة الطائرة
badminton

ألعاب القوى الخفيفة
atletizm

كرة اليد
hentbol

التزلج على الثلج
kayak

بولو
polo

يضحك
gülmek

يقفز
atlamak

يعانق
sarılmak

يمشي
yürümek

يغني
söylemek

يحلم
hayal etmek

يصلّي
dua etmek

يقبّل
öpmek

يكتب
yazmak

يرسم
çizmek

يُري
göstermek

يدفع
itmek

يعطي
vermek

يأخذ
almak

يملك

sahip olmak

يعمل

yapmak

يوجد

olmak

يقف

ayakta durmak

يركض

koşmak

يسحب

çekmek

يرمي

atmak

يقع

düşmek

يستلقي

yalan söylemek

ينتظر

beklemek

يحمل

taşımak

يجلس

oturmak

يلبس

giyinmek

ينام

uyumak

يستيقظ

uyanmak

ينظر إلى ..

bakmak

يبكي

ağlamak

يمسّد

vurmak

يمشّط

taramak

يِتكلم

konuşmak

يفهم

anlamak

يسأل

sormak

يسمع

dinlemek

يشرب

içmek

يأكل

yemek

يرتب

düzenlemek

يحب

sevmek

يطبخ

pişirmek

يقود

sürmek

يطيّر

uçmak

يبحر بزورق شراعي

denize açılmak

يحسب

hesapla

يقرأ

okumak

يتعلم

öğrenmek

يعمل

çalışmak

يتزوج

evlenmek

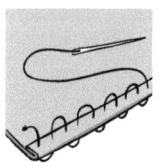

يخيط

dikmek

ينظف أسنانه

diş fırçalamak

يقتل

öldürmek

يدخّن

sigara içmek

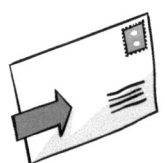

يرسل

yollamak

عائلة

aile

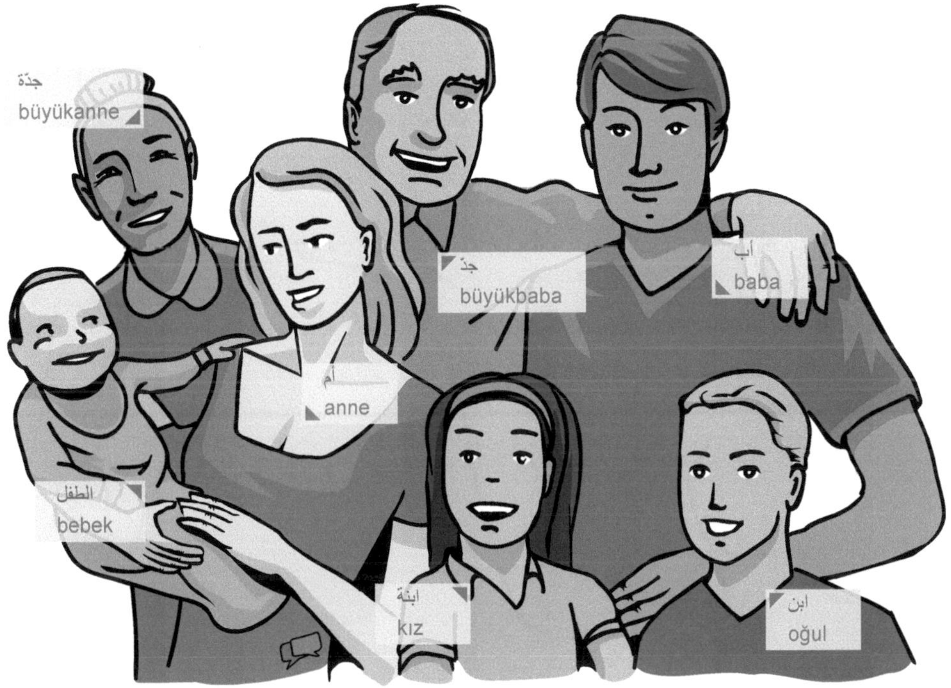

جدّة
büyükanne
جدّ
büyükbaba
أب
baba
أم
anne
الطفل
bebek
ابنة
kız
ابن
oğul

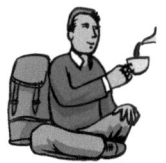

ضيف

misafir

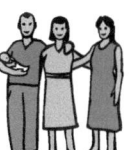

عمّة / خالة

teyze

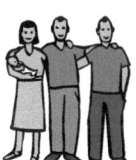

عمّ / خال

amca

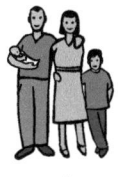

أخ

erkek kardeş

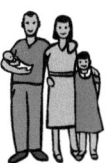

أخت

kız kardeş

الجسم
vücut

الجبين
alın
العين
göz
الكتف
omuz
الإصبع
parmak
الوجه
yüz
الذقن
çene
اليد
el
الساق
bacak
الصدر
göğüs
الذراع
kol

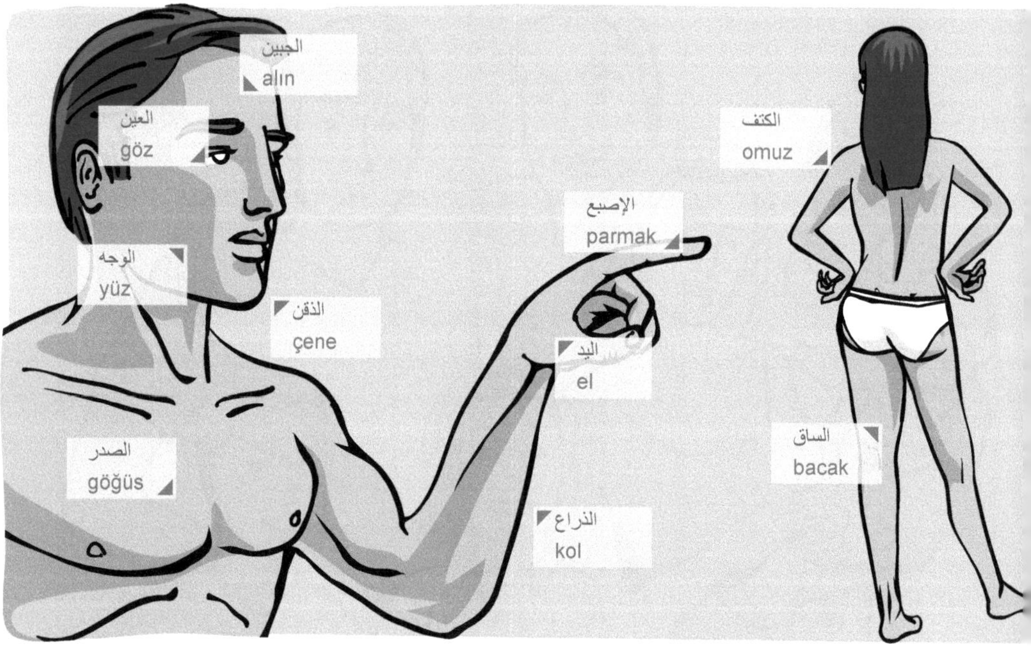

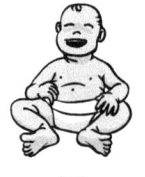

الطفل
bebek

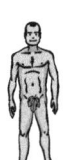

الرجل
adam

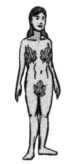

المرأة
kadın

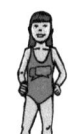

البنت
kız

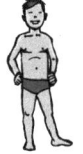

الولد
erkek çocuk

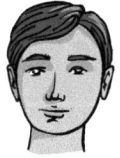

الرأس
baş

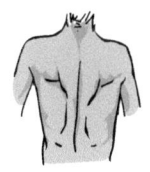

الظهر

sırt

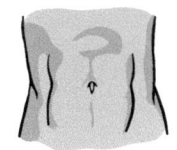

البطن

karın

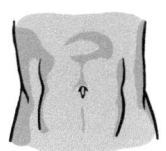

السرّة

göbek

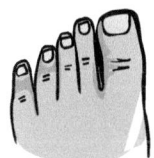

إصبع القدم

ayak parmağı

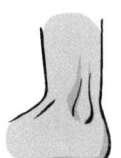

الكعب

topuk

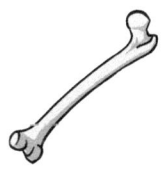

العظم

kemik

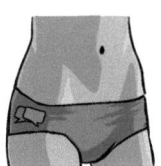

الورك

kalça

الركبة

diz

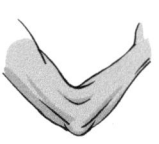

المرفق

dirsek

الأنف

burun

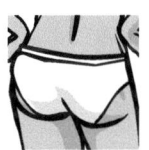

العَجُز

kalça

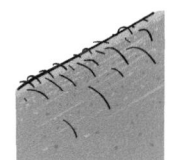

البشرة

deri

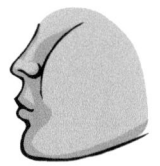

الخد

yanak

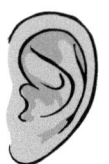

الأذن

kulak

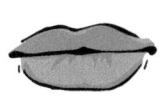

الشفة

dudak

الفم

ağız

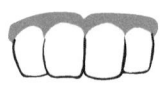

السن

diş

اللسان

dil

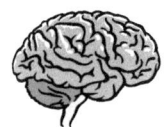

الدماغ

beyin

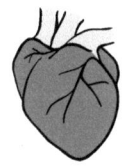

القلب

kalp

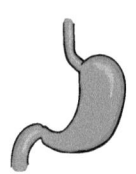

العضلة

kas

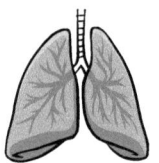

الرئة

akciğer

الكبد

karaciğer

المعدة

mide

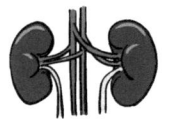

الكلى

böbrekler

الاتصال الجنسي

seks

الواقي المطاطي

prezervatif

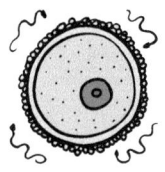

البويضة

yumurtalık

المنيّ

sperm

الحمل

hamilelik

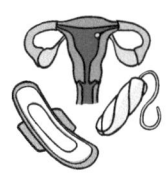

الحيض

regl

المهبل

vajina

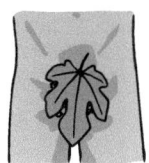

القضيب

penis

الحاجب

kaş

الشعر

saç

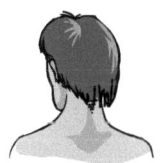

الرقبة

boyun

المستشفى
hastane

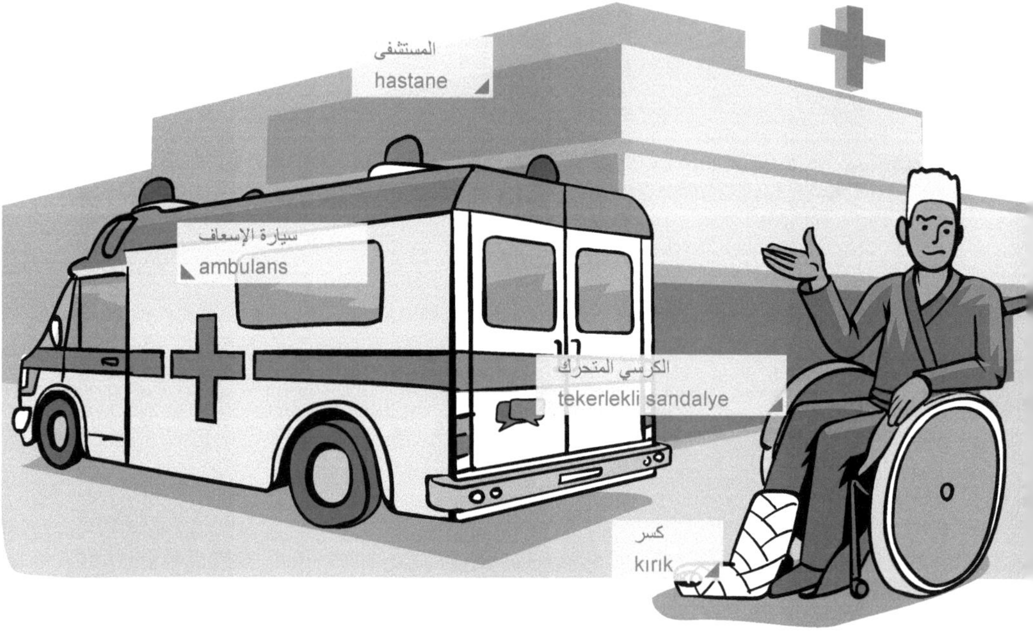

المستشفى
hastane
سيارة الإسعاف
ambulans
الكرسي المتحرك
tekerlekli sandalye
كسر
kırık

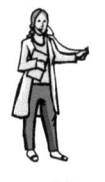

الطبيب

doktor

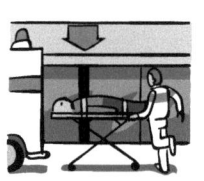

غرفة الإسعاف

acil servis

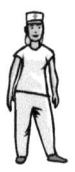

الممرضة

hemşire

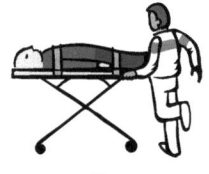

حالة

acil

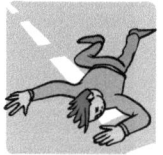

مغمى عليه

baygın

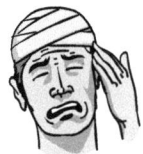

الألم

acı

إصابة
yaralanma

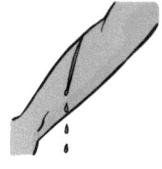

النزيف
kanama

احتشاء القلب
kalp krizi

جلطة
felç

حسسية
alerji

السعال
öksürük

الحُمّى
ateş

إنفلونزا
grip

الإسهال
ishal

وجع الرأس
baş ağrısı

السرطان
kanser

مرض السكر
şeker hastalığı

جرّاح
cerrah

مبضع
neşter

عملية
operasyon

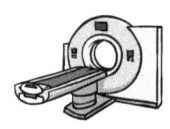

سيتي سكان

bilgisayarlı tomografi

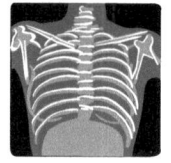

الأشعة السينية

röntgen

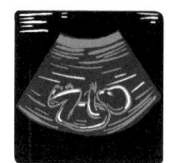

فوق الصوتي

ultrason

القناع

yüz maskesi

المرض

hastalık

غرفة الانتظار

bekleme odası

العُكاز

koltuk değneği

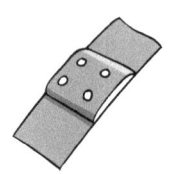

شريط لاصق

yara bandı

ضماد

bandaj

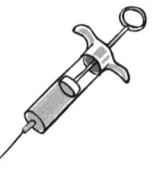

حقنة

enjeksiyon

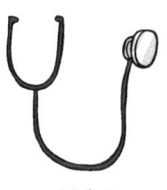

سمّاعة الطبيب

steteskop

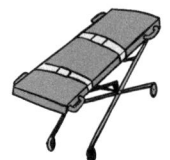

نقالة

sedye

ميزان حرارة

tıbbi termometre

ولادة

doğum

وزن زائد

fazla kilo

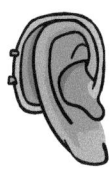

جهاز السمع

işitme cihazı

المواد المعقمة

dezenfektan

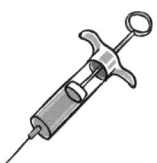

عدوى

enfeksiyon

فيروس

virüs

الإيدز

HIV / AIDS

الطب

ilaç

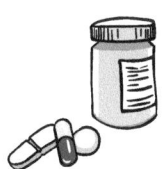

اللقاح

aşı

أقراص الدواء

tablet

حبّة الدواء

hap

نداء النجدة

acil çağrı

مقياس ضغط الدم

tansiyon aleti

مريض / صحيح

hasta / sağlıklı

النجدة!

İmdat!

إنذار

alarm

اعتداء

darp

هجوم

saldırı

خطر

tehlike

مخرج طوارئ

acil çıkış

حريق!

Yangın!

جهاز الإطفاء

yangın tüpü

حادث

kaza

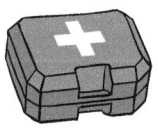

حقيبة الإسعاف الأولي

ilk yardım çantası

أنقذونا

imdat

الشرطة

polis

أوروبا

Avrupa

أمريكا الشمالية

Kuzey Amerika

أمريكا الجنوبية

Güney amerika

أفريقيا

Afrika

آسيا

Asya

أستراليا

Avustralya

المحيط الأطلسي

Atlantik

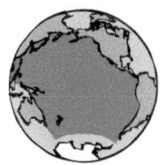

المحيط الهادي

Pasifik

المحيط الهندي

Hint Okyanusu

المحيط المتجمد الجنوبي

Antarktika Okyanusu

المحيط المتجمد الشمالي

Arktik Okyanusu

القطب الشمالي

Kuzey Kutbu

القطب الجنوبي

Güney Kutbu

منطقة القطب الجنوبي

Antarktika

أرض

dünya

بر

kara

بحر

deniz

جزيرة

ada

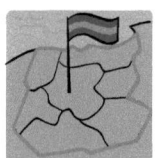

أمة

ulus

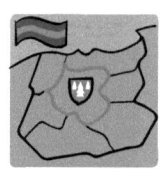

دولة

ülke

ميناء الساعة

kadran

عقرب الساعات

akrep

عقرب الدقائق

yelkovan

عقرب الثواني

saniye ibresi

كم الساعة الآن؟

Saat kaç?

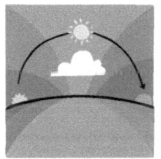

يوم

gün

زمن

zaman

الآن

şimdi

ساعة رقمية

dijital saat

دقيقة

dakika

ساعة

saat

الإثنين
Pazartesi

الأربعاء
Çarşamba

الجمعة
Cuma

الثلاثاء
Salı

الخميس
Perşembe

السبت
Cumartesi

الأحد
Pazar

الأمس
dün

اليوم
bugün

غدا
yarın

الصباح
sabah

الظهر
öğle

المساء
akşam

أيام العمل
iş günleri

نهاية الأسبوع
hafta sonu

سنة
yıl

قوس قزح
gökkuşağı
مطر
yağmur
ريح
rüzgar
ثلج
kara
الربيع
bahar
الخريف
sonbahar
الصيف
yaz
الشتاء
kış

4.APRIL 11°
5.APRIL 4°
6.APRIL 13°
7.APRIL 8°
8.APRIL 10°

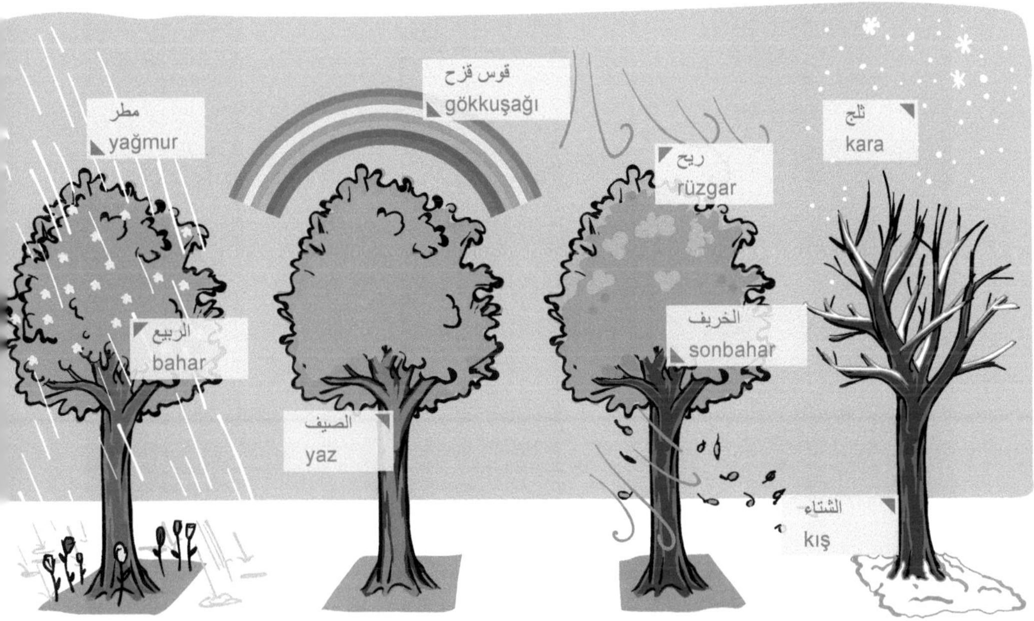

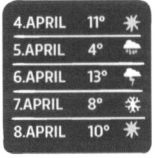

التنبّؤ بالحالة الجوية
hava durumu tahmini

F C
120 40
90 30
60 20
30 10
0 0
-30 -10
-20

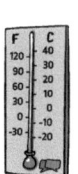

مقياس حرارة
termometre

ضوء الشمس
güneş ışığı

سحابة
bulut

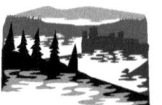

ضباب
sis

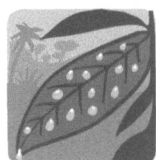

رطوبة الجو
nem

برق

şimşek

رعد

gök gürültüsü

عاصفة

fırtına

بَرَد

dolu

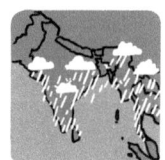

ريح موسمية

muson

طوفان

sel

جليد

buz

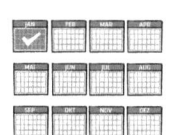

كانون الثاني / يناير

Ocak

شباط / فبراير

Şubat

آذار / مارس

Mart

نيسان / أبريل

Nisan

أيار / مايو

Mayıs

حزيران / يونيو

Haziran

تَموز / يوليو

Temmuz

آب / اغسطس

Ağustos

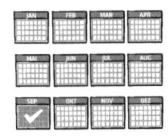

أيلول / سبتمبر
....
Eylül

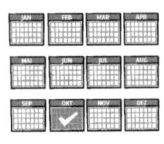

تشرين الأول / أكتوبر
....
Ekim

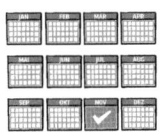

تشرين الثاني / نوفمبر
....
Kasım

كانون الأول / ديسمبر
....
Aralık

أشكال

şekiller

دائرة
....
daire

مربّع
....
kare

مستطيل
....
dikdörtgen

مثلّث
....
üçgen

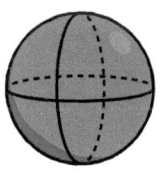

كرة
....
küre

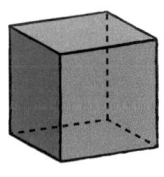

مكعب
....
küp

أبيض

beyaz

أصفر

sarı

برتقالي

turuncu

وردي

pembe

أحمر

kırmızı

بنفسجي

mor

أزرق

mavi

أخضر

yeşil

بنّي

kahverengi

رمادي

gri

أسود

siyah

zıt anlamlılar

كثير / قليل

çok / az

غضبان / هادئ

kızgın / sakin

جميل / قبيح

güzel / çirkin

بداية / نهاية

başlangıç / son

كبير / صغير

büyük / küçük

فاتح / قاتم

parlak / karanlık

أخ / أخت

erkek kardeş / kız kardeş

نظيف / وسخ

temiz / kirli

كامل / ناقص

tamam / eksik

نهار / ليل

gün / gece

ميت / حيّ

ölü / canlı

عريض / ضيّق

geniş / dar

صالح للأكل / غير صالح

yenilebilir / yenilemez

شرّير / لطيف

kötü / iyi

مثير / ممل

heyecanlı / sıkılmış

سمين / نحيف

şişman / zayıf

أولا / أخيرا

ilk / son

صديق / عدو

dost / düşman

مليء / فارغ

dolu / boş

صلب / ليّن

sert / yumuşak

ثقيل / خفيف

ağır / hafif

جوع / عطش

açlık / susuzluk

مريض / صحيح

hasta / sağlıklı

غير شرعي / شرعي

yasa dışı / yasal

ذكي / غبي

zeki / aptal

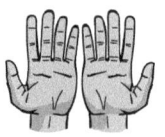

يسار / يمين

sol / sağ

قريب / بعيد

yakın / uzak

جديد / مستعمل

yeni / kullanılmış

لا شيء / بعض الشيء

hiçbir şey / bir şey

مسن / شاب

yaşlı / genç

يشعل / يطفئ

açma / kapama

مفتوح / مغلق

açık / kapalı

خافت / عالٍ

sessiz / gürültülü

غني / فقير

zengin / fakir

صح / خطأ

doğru / yanlış

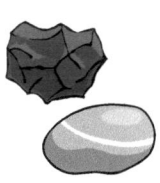

أحرش / أملس

pürüzlü / düz

حزين / سعيد

üzgün / mutlu

قصير / طويل

kısa / uzun

بطيء / سريع

yavaş / hızlı

مبلول / جاف

ıslak / kuru

ساخن / بارد

sıcak / serin

حرب / سلم

savaş / barış

0

صفر

sıfır

1

واحد

bir

2

اثنان

iki

3

ثلاثة

üç

4

أربعة

dört

5

خمسة

beş

6

ستة

altı

7

سبعة

yedi

8

ثمانية

sekiz

9

تسعة

dokuz

10

عشرة

on

11

أحد عشر

on bir

12
اثنا عشر
on iki

13
ثلاثة عشر
on üç

14
أربعة عشر
on dört

15
خمسة عشر
on beş

16
ستة عشر
on altı

17
سبعة عشر
on yedi

18
ثمانية عشر
on sekiz

19
تسعة عشر
on dokuz

20
عشرون
yirmi

100
مائة
yüz

1.000
ألف
bin

1.000.000
مليون
milyon

الإنكليزية

İngilizce

الإنكليزية الأمريكية

Amerikan İngilizcesi

لغة ماندارين الصينية

Çince (Mandarin)

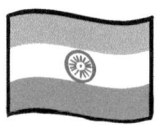

الهندية

Hintçe

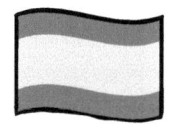

الإسبانية

İspanyolca

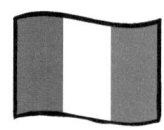

الفرنسية

Fransızca

العربية

Arapça

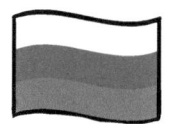

الروسية

Rusça

البرتغالية

Portekizce

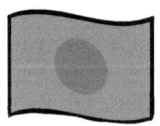

البنغالية

Bengalce

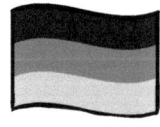

الألمانية

Almanca

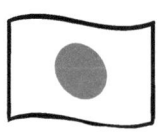

اليابانية

Japonca

أنا

ben

أنت

sen

هو / هي

o

نحن

biz

أنتم

siz

هم

onlar

من؟

kim?

ماذا؟

ne?

كيف؟

nasıl?

أين؟

nerede?

متى؟

ne zaman?

اسم

isim

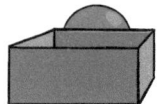

خلف

arkasında

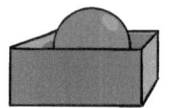

في

içinde

أمام

önünde

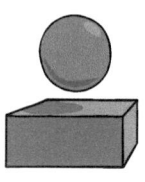

فوق

üzerinde

على

üstünde

تحت

altında

جنب

yanında

بين

arasında

مكان

yer